GAZZOTTI
VEHLMANN

Seuls

3 Le clan du requin

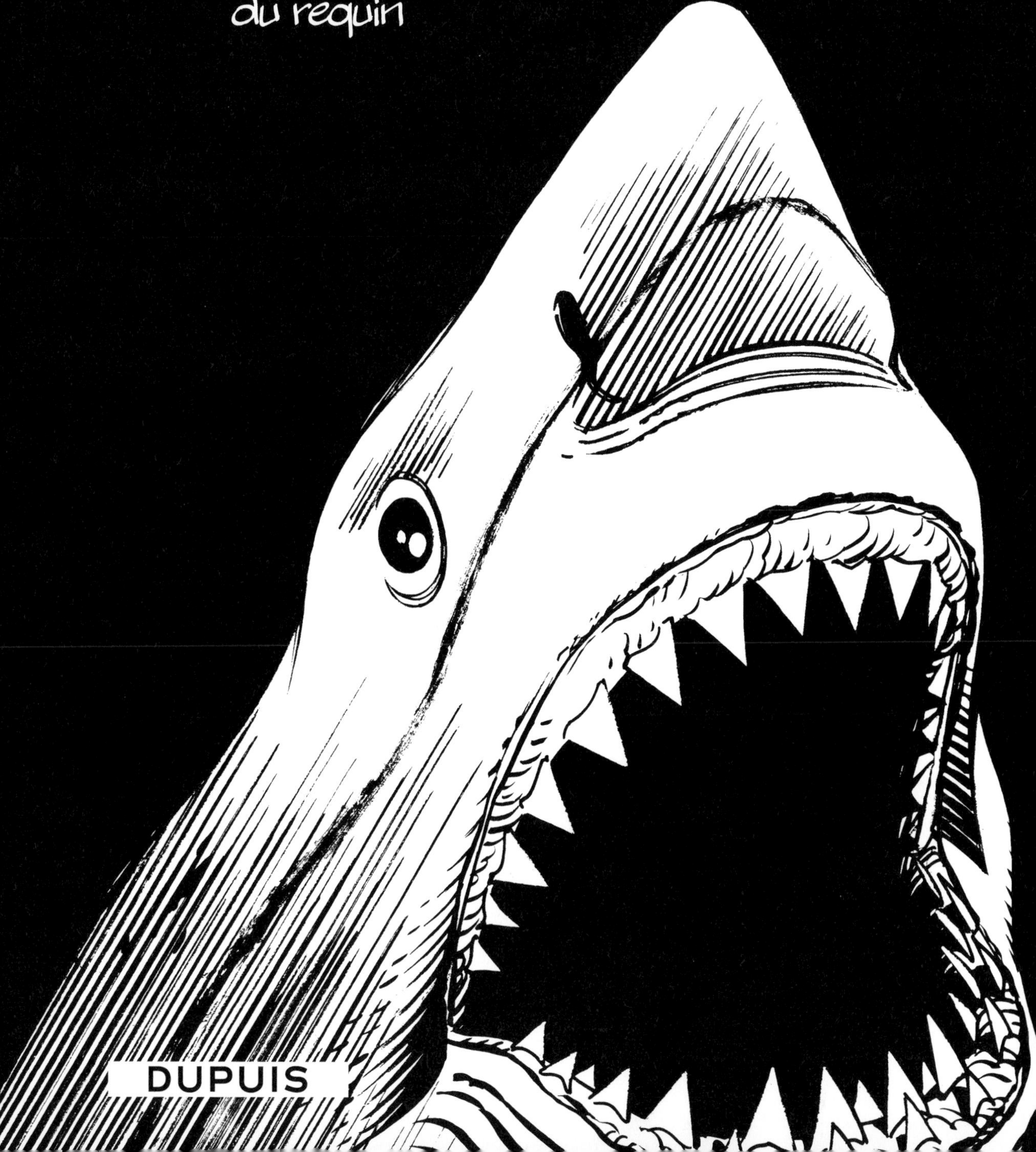

DUPUIS

_Merci à Géraldine.
Fabien.

_Pour Didi.
Bruno.

_Pour Lili.
Caroline & Ralph

Couleurs :
Caroline & Ralph

Conception graphique : Stefan Dewel
D.2008/0089/35 — R.5/2013.
ISBN 978-2-8001-4049-0
© Dupuis, 2007.
Tous droits réservés
Imprimé en Belgique par Proost.
www.dupuis.com

PEFC-Certifié
Ce livre est issu de
forêts gérées
durablement, de
sources recyclées et
contrôlées.
PEFC
PEFC/07-31-241   www.pefc.org

Powered by

M'ENFIN, C'ÉTAIT JUSTE UNE THÉORIE!

ENCORE DES CONSERVES? MOI, J'VEUX UNE POMM-EUHH!

C'EST VRAI QUE ÇA COMMENCE À ME MANQUER, LES FRUITS FRAIS ET LES LÉGUMES!

ME LAISSEZ PAS COMME ÇA, J'AI FAIM, MOI!

T'AVAIS QU'À PAS DIRE QUE T'ÉTAIS DIEU!

J'AI PAS DIT ÇA! MA THÉO-RIE, C'EST QUE "SI ÇA SE TROUVE", JE SUIS LE SEUL ÊTRE PENSANT DE L'UNIVERS ET QUE ...

... ET TOUT CE QUI T'ENTOURE EST UNE CRÉATION DE TON ESPRIT = LE MONDE, NOUS, LA DISPARITION... BEN VOYONS!

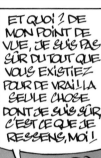

ET QUOI? DE MON POINT DE VUE, JE SUIS PAS SÛR DU TOUT QUE VOUS EXISTIEZ POUR DE VRAI! LA SEULE CHOSE DONT JE SUIS SÛR, C'EST CE QUE JE RESSENS, MOI!

BEN, EN TE LIGOTANT, JE VIENS DE TE PROUVER QUE J'EXISTE VRAIMENT!

FAUT VOIR... PEUT-ÊTRE QUE C'EST JUSTE UNE PÉRIPÉTIE INVENTÉE PAR MON CERVEAU SURPUISSANT POUR PIMENTER MON QUOTIDIEN.

CAMILLE, FILE-MOI UNE FOURCHETTE = JE VAIS ENCORE UN PEU PLUS LUI PIMENTER SON QUOTIDIEN.

O.K., O.K.,. JE RETIRE CE QUE JE VIENS DE DIRE.

VILE CRÉATURE DE MON ESPRIT!

TU FAIS QUOI? J'PEUX V'NIR AVEC TOI?

J'AI VU D'LA FUMÉE, JE VEUX VÉRIFIER QUE C'EST PAS UN NOUVEAU DÉPART DE FEU.

DIS, TERRY, FAUDRA PENSER À M'RENDRE MON LIT, UN DE CES JOURS.

J'TE RAPPELLE QUE SI LEÏLA A CONSTRUIT CE P'TIT LIT, C'ÉTAIT POUR TOI. MOI, J'AI LES PIEDS QUI DÉPASSENT, C'EST PAS TOP.

MAIS J'VEUX PAS DORMIR AU-D'SSUS D'L'ESCALIEEEEER, ÇA M'FAIT PEUUUUUR !

T'IMAGINES SI Y A DES **MONSTRES** ?! LA FERM'TURE D'LA PORTE, ELLE FERME **MÊME PAS BIEN** !

ALORS, ON INSTALLERA UNE PORTE PLUS SOLIDE, ET VOILÀ.

C'EST INCROYABLE D'ÊTRE AUSSI FLIPPÉ...

UNE MEUTE DE CHIENS ! DÉTACHEZ YVAN, VIIIIIIITE !

x

x

x

REV'NEZ TOUT D'SUITE AU BUS !

QUOI ?!

WA ! WA !

WA! WAWWA WA WA WA WAW WAWAWA

AAAAAH!

HIIIIII!

OH NON!

LIBÉREZ-MOI !!

PAS LE TEMPS !

HIIIIII!

AÏEU !

'JOUR, LEÏLA !!!

T'AS QUAND MÊME PAS CONDUIT TOUTE LA NUIT ?

J'LES AI SEMÉS UN MOMENT ET J'AI DORMI UN PEU, MAIS ILS M'ONT RÉVEILLÉE... ILS GRATTAIENT AUX PORTES DU BUS...

MON PÈRE M'A DIT QU'LES CHIENS QUI REDEVENAIENT SAUVAGES, BEN ILS ÉTAIENT PIRES QUE DES LOUPS, PARCE QU'ILS ONT PAS PEUR DE L'HOMME.

ET CE QU'EST FLIPPANT, C'EST QU'ON A PLUS BEAUCOUP D'ESSENCE.

BOMBOM

OUI, DODJI ?

À DROITE, REGARDEZ !

D'AUTRES ENFANTS !

PRENDS LA PROCHAINE SORTIE !

OUaAAAAiiiiiis!

ÇA ALORS! PLEIN DE GARÇONS!

ON EST OÙ ?

SALUT, LES NOUVEAUX!

HA! HA!

EEH! IL Y A DES FILLES AUSSI !

C'EST CHEZ NOUS ICI, ÇA VOUS PLAÎT ?

VOUS HABITEZ ICI ?

OUAIS! C'EST GÉANT ICI, VOUS ALLEZ VOIR.

IL Y A DE L'EAU TOUT AUTOUR DU PARC, LES CHIENS PEUVENT RIEN CONTRE NOUS!

AH MAIS OUI ! "TREASURE ISLAND", C'EST LE PARC D'ATTRACTIONS DONT ILS ONT PARLÉ UNE FOIS DANS CE REPORTAGE TÉLÉ !

ET NOTRE CHEF, C'EST SAUL !

WA WA WA WA WA

MHMM!

BRRM!

BIENVENUE DANS LE CLAN DU REQUIN.

WA WA WA WA

⑦

9

ET REGARDEZ CE QUE NOUS AVONS LÀ !

OUAIIIIIIS !

TOUS AU BASSIN !

MAIS QU'EST-CE QU'ILS ...?

VENEZ AVEC NOUS, VOUS ALLEZ VOIR !

À LA FLOTTE ! À LA FLOTTE !

WAW WAW WAH

À LA FLOTTE !

"SAUL", C'EST MARRANT COMME PRÉNOM. ÇA VIENT D'OÙ ?

C'EST ANGLAIS.

SON PÈRE, C'EST MATTHEW BARRIE, TU SAIS, LE MILLIONNAIRE. C'EST LUI QU'A FAIT CONSTRUIRE LE PARC.

ILS SONT VENUS VIVRE ICI, AVEC SA FAMILLE. MAIS À PART SAUL, EUX AUSSI ONT TOUS DISPARU.

OUIIIII, J'ME SOUVIENS DE CE TYPE ! C'EST UN DES SEULS AU MONDE QU'A RÉUSSI L'ACCLIMATATION EN BASSIN D'UN GRAND REQUIN BLANC !

C'EST SAUL QUI NOUS A RETROUVÉS LES UNS APRÈS LES AUTRES ET QUI NOUS A RAMENÉS ICI !

8

MAIS QU'EST-CE QU'IL ... ?

IL VA LE JETER DANS L'BASSIN AU REQUIN ! ÇA VA ÊTRE D'LA GROSSE TUERIE !

QUOI ?! ... MAIS C'EST HORRIBLE ! IL PEUT PAS FAIRE ÇA À CE PAUVRE ANIMAL !

BEN FAUT BIEN NOURRIR LE REQUIN, NON ? SINON, C'EST LUI QUI VA MOURIR.

HEIN ? MAIS JE ... AH ... EUH. ZUT ?!

ET ON POURRAIT PAS PLUTÔT LUI DONNER DES CORN-FLAKES ?

ATTENTION LES YEUX ! ÇA VA SHARKLER !

JE ... JE PEUX PAS VOIR ÇA !

IL EST LÀ!

MAINTENANT, IL RAPPLIQUE DÈS QU'IL SENT DU MOUVEMENT DANS L'EAU!

VOILÀ C'QU'ARRIVE AUX CLEBS QUI VEULENT NOUS BOUFFER!

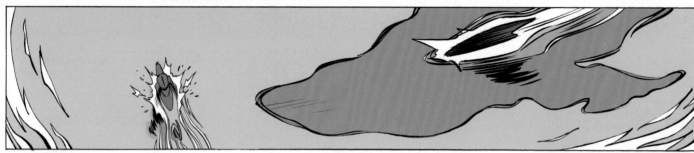

IL ATTAQUE!

TU LE VOIS?

OÙ? OÙ? J'VOIS RIEN!

HoOOoooo!

"MAIS C'EST OÙ LA SORTIE À LA FIN!"

ZUT, J'SUIS TROP BAS "

?!

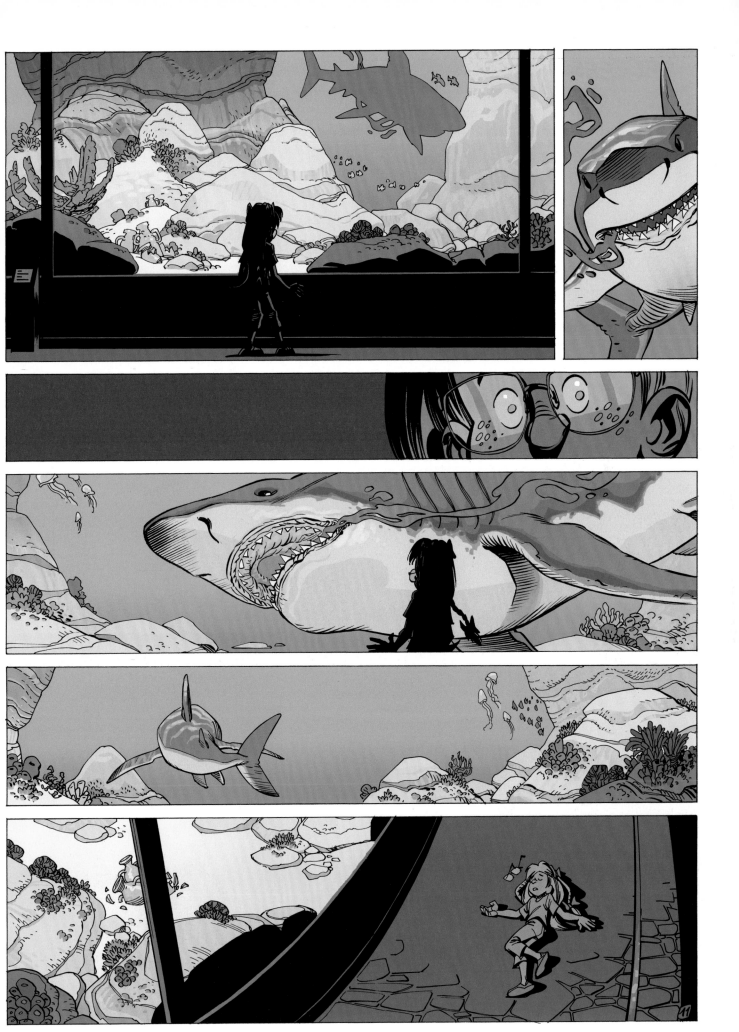

WEEEEEE...

YEAHHH...

EEH, VOUS V'NEZ, BANDE DE PISTOLETS À QUÉQUETTE ? L'EAU EST TROP BONNE !

MAIS LES VILLES QU'ON A VISITÉES ÉTAIENT AUSSI VIDES QUE LA NÔTRE ET IL Y EN A MÊME QUI AVAIENT COMPLÈTEMENT BRÛLÉ !

TU VEUX MANGER UN PEU PLUS ? T'ES ENCORE PÂLOTTE.

MERCI, DODU, ÇA VA MIEUX.

BEN NOUS, ÇA S'EST PASSÉ PAREIL, SAUF QUE MOI ET MES POTES, ON SE CONNAISSAIT D'AVANT LA DISPARITION, ON ÉTAIT DANS LA MÊME CLASSE.

AH OUI ?

MOI, J'ME SUIS RÉVEILLÉE D'UN COUP VERS 22H. : C'ÉTAIT COMME S'IL Y AVAIT EU UN GRAND BRUIT ! ... PIS J'SUIS SORTIE DE MON LIT ET DANS MON VILLAGE, Y AVAIT PLUS PERSONNE.

AH OUI ?

CE QUE TU DIS, C'EST ...

OUI ?

CE QUE TU DIS, HEU...

ALORS LUI, C'EST "DÉBILOS", IL EST TROP ZARB', IL FINIT JAMAIS SES PHRASES !

ET IL FAIT PIPI AU-LIIIiiiiT ! HIHIHI !

BEN, VOUS V'NEZ À LA FIN ? SINON, VOUS ÊTES QUE DES PÉTOUS ! HAHAHA !!

ON A L'TEMPS, NON ?

OUAIS, MAIS ENSUITE, FAUDRA TOUS SE RÉUNIR SUR LA PLACE. SAUL VEUT FAIRE LA CÉRÉMONIE.

LA EUH... LA CÉRÉMONIE DE QUOI ?

TU VERRAS TOUT À L'HEURE ... TOUS À LA FLOTTE !!

14

AVANT, C'ÉTAIT LA POTENCE DU PARC.

ILS FAISAIENT DES FAUSSES PENDAISONS DE PIRATES ! ...MAIS SAUL EN A FAIT UNE ESTRADE POUR LES GRANDES OCCASIONS.

CHARMANT ...

ET C'EST QUOI, LA GRANDE OCCASION DU JOUR ?

TU VAS VOIR !

LES AMIS ...AVEC LES NOUVEAUX, ON EST MAINTENANT ASSEZ NOMBREUX POUR LE RITUEL DONT JE VOUS AI PARLÉ.

NOUS ALLONS COMMENCER LA CÉRÉMONIE DES MARIAGES !

OOUUUAAAAiiis!

OH!

HEIN?!

C'EST QUOI CE DÉLIRE ?

SAUL PENSE QU'IL FAUT VIVRE COMME AVANT LA DISPARITION. ALORS IL VEUT QU'IL Y AIT AUSSI DES COUPLES ET TOUT.

JE VAIS FAIRE LE TIRAGE AU SORT DES NOMS.

IL VA... NOUS MARIER ENTRE NOUS ?

MAIS... Y A DES TRUCS PLUS IMPORTANTS À FAIRE, NON ? ON DOIT RETROUVER NOS PARENTS !

SAUL DIT QUE C'EST MIEUX POUR LE CLAN.

LA PREMIÈRE EST ... CAMILLE !

HEIN ? QUOI ?! C'EST DÉJÀ MON MARIAGE À MOI ?!

ELLE SERA AVEC ...

... MOI !

SAUL

CAMILLE ! T'ES PAS OBLIGÉE D'ACCEPTER ! EH !

...TU PEUX T'ASSEOIR, JE DOIS CONTINUER LE TIRAGE AU SORT.

OUI-OUI-D'ACCORD-COMME-TU-VEUX !!

J'COMPRENDS PAS ! ILS VONT PENDRE CAMILLE ?

LE SUIVANT, C'EST... DODJI !

EH, Y EN A QUE POUR VOUS ! HAHA !

QUI VA SE MARIER AVEC...

...AH TIENS ?

YVAN!

HAHAHA! HiHiHiHiHi!! HAHAHA
?!

DÉSOLÉ, IL FALLAIT LE MÊME NOMBRE DE NOMS DANS CHAQUE TONNEAU !... ET IL Y A PLUS DE GARÇONS QUE DE FILLES!

C'EST TRUQUÉ !... IL L'A FAIT EXPRÈS!

C'EST N'IMPORTE QUOI!

HA! HA! VA FALLOIR VOUS DÉCIDER POUR SAVOIR QUI VA PORTER LA ROBE!

DODJI!

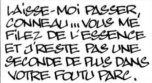

HOPOPOP!... TU VAS OÙ COMME ÇA ?

LAISSE-MOI PASSER, CONNEAU !... VOUS ME FILEZ DE L'ESSENCE ET J'RESTE PAS UNE SECONDE DE PLUS DANS VOTRE FOUTU PARC.

T'ALLAIS PAS PLUTÔT CHERCHER ÇA ? J'L'AI TROUVÉ DANS TES AFFAIRES.

VA FALLOIR QU'TU NOUS RACONTES CE QUE TU COMPTAIS FAIRE ICI AVEC CE TRUC.

ILS LES ONT EMMENÉS OÙ ?

CAMILLE DOIT ÊTRE CHEZ SAUL, DANS LES BÂTIMENTS ADMINISTRATIFS. POUR DODJI, J'SAIS PAS... VA FALLOIR QU'IL S'EXPLIQUE : IL A FAIT PEUR À TOUT LE MONDE, AVEC SON ARME.

MAIS ZOÉ ! J'T'AI DIT QUE C'ÉTAIT PAS CONTRE VOUS ! C'ÉTAIT ... AU CAS OÙ !

BEN SI C'EST VRAI, SAUL LE RELÂCHERA VITE.

J'SUIS **VRAIMENT** OBLIGÉ DE PORTER CETTE ROBE ? J'PENSAIS QUE C'ÉTAIT UNE BLAGUE !

IL... FAUT OBÉIR À SAUL ... C'EST LA LOI DU CLAN.

MOUAIF... Y'A PEUT-ÊTRE MOYEN D'EN FAIRE QUELQUE CHOSE, REMARQUE.

C'EST VOUS QUI AVEZ TOUT FAIT, ICI ? EN FAIT, C'EST PLUTÔT CHOUETTE COMME MAISON.

C'EST JUSTE DOMMAGE QUE JE SOIS MARIÉE À L'AUTRE NAIN.

MOI, J'VOULAIS PAS ÊTRE MARIÉ AVEC TOI, TU PUES DES CH'VEUX !

ET PIS J'VEUX PAS QUE DÉBILOS Y DORME ICI NON PLUS ! J'VEUX DODJI !

...EH, OH, DÉJÀ ON VA ARRÊTER AVEC CE SURNOM À LA NOIX.

TU T'APPELLES COMMENT, EN VRAI ?

EUH, AN... ANTON.

19

ALORS, ON T'APPELLERA ANTON. TU M'AS PAS L'AIR PLUS DÉBILE QU'UN AUTRE.

T'ES PAS OBJECTIVE, C'EST TON MARI.

QUAND...

QUAND ...

EUH ...

... UN PEU PLUS LENT QU'UN AUTRE, PEUT-ÊTRE.

QUAND ... SAUL M'A TROUVÉ ... J'ÉTAIS ... À L'HÔPITAL. DANS LE SERVICE DE ... PSYCHIATRIE.

HA OUI ? ÇA ALORS !

QUELQU'UN PEUT VITE PLANQUER LES COUTEAUX ?

LE PROGRAMME OÙ J'ÉTAIS ... ÇA S'APPELAIT ... EUH ... "RECHERCHE MÉDICOPSYCHO-LOGIQUE ... SUR LES ENFANTS PRÉCOCES"
...

SUR LES ENFANTS PRÉCOCES ? MAIS
...

T'ES UN SURDOUÉ, C'EST ÇA ?!

EUH, J'SAIS PAS SI JE SUIS SI DOUÉ QUE ÇA ... MAIS C'EST ... UN MOT QU'UTILISAIT LE DOCTEUR DESSAGE.

FLAOUSH!

ZUT! ON A OUBLIÉ DE PRÉVENIR ZOÉ, POUR LA CHASSE D'EAU.

20

EUH, ZOÉ, FAUT PAS UTILISER LES TOILETTES, ELLES SONT PAS ENCORE AU POINT !

MERCI POUR L'INFO.

T'ES SURDOUÉ EN QUOI ? FAIS-NOUS DES TOURS !

TERRY, LÂCHE-LE, C'EST PAS UN SINGE !

EUH, J'SAIS RIEN FAIRE DE SPÉCIAL... J'AIME JUSTE BEAUCOUP LIRE... MAIS DANS LE PARC, Y A PAS DE BOUQUINS, JE M'ENNUIE.

SAUL M'A SURNOMMÉ DÉBILOS POUR RIRE... ALORS LES AUTRES,... QUAND JE DIS QUELQUE CHOSE QU'ILS COMPRENNENT PAS, ILS DISENT QUE C'EST MOI LE DÉBILE.

J'CROIS PAS QUE SAUL T'AIT APPELÉ COMME ÇA "POUR RIRE", ANTON.

IL L'A FAIT EXPRÈS, PARCE QU'IL NE VEUT PAS DE RIVAL: NI TOI, NI DODU, NI PERSONNE.

C'EST UN MALIN, IL SAIT METTRE LES RIEURS DANS SON CAMP. JE FAISAIS ÇA À L'ÉCOLE, ÇA MARCHAIT TRÈS BIEN !

EUH...VOUS AVEZ PAS BIENTÔT FINI DE DISCUTER, LÀ ?

MOI J'AI SOMMEIL = VOUS MONTEZ VOUS COUCHER ?

SAUL EST UN BON CHEF, MAIS DES FOIS, IL NOUS FAIT AUSSI UN PEU PEUR.

UN DES PREMIERS JOURS, POUR DÉCONNER, QUELQU'UN A DIT : " PAS CAP DE NAGER DANS LE BASSIN AUX REQUINS " ET SAUL, D'UN SEUL COUP, IL A PLONGÉ DANS L'EAU ET IL A TOUT TRAVERSÉ LE BASSIN.

LE REQUIN EST PASSÉ PAS LOIN... GENRE 20 MÈTRES, TU VOIS ! MAIS LUI, IL S'EN FICHAIT. QUAND IL EST RESSORTI, IL A JUSTE DEMANDÉ SI QUELQU'UN D'AUTRE ÉTAIT CAP'.

MOI, J'SERAIS CAP' !

FAUT L'FAIRE QUAND MÊME.

IL A ... PEUR DE RIEN... C'EST POUR ÇA QUE PERSONNE OSE RIEN LUI DIRE QUAND IL EXAGÈRE ...

OUAIS, BEN DODJI, IL EST ENCORE PLUS FORT. ON PENSE QU'IL A CARRÉMENT TUÉ SON BEAU-PÈRE POUR PLUS SE FAIRE TABASSER... T'IMAGINES UN PEU ?

EUH, LEÏLA, J'SAIS PAS S'IL FAUT EN PARLER ...

ALORS ÇA ! ...

DODJI SE LAISSERA PAS FAIRE. SAUL A QU'À BIEN SE TENIR.

MOI, J'ESPÈRE QUE SAUL, IL FERA PAS DE MAL À DODJI ET CAMILLE.

"...C'EST UNE PÉRIODE DE L'HISTOIRE QUI ME PASSIONNE.

AH OUI? ...EUH... C'EST PAS COMMUN, ÇA !

DIS, POUR DODJI...TU SERAS PAS TROP DUR AVEC LUI, HEIN ? C'EST MON AMI !

JE VERRAI.

J'TE LAISSE ÇA, SI ÇA TE DIT DE L'ESSAYER. ELLE VIENT DE LA RÉSERVE DE COSTUMES DU PARC.

TU PEUX DORMIR DANS MON LIT... JE T'EMBÊTERAI PAS.

MAIS TU LAISSES LES LUMIÈRES ALLUMÉES, D'ACCORD ?

ON VEUT VOIR DODJI. IL EST OÙ ?

SAUL VOUS DIRA... DIS, T'AS PAS ENCORE MIS TA ROBE ?

ET PUIS TU DOIS NOUS AIDER À PRÉPARER LE PETIT-DÉJEUNER POUR LES AUTRES.

DÉSOLÉE, MAIS JE SUIS PAS TRÈS CUISINE. J'VEUX BIEN ME RENDRE UTILE, MAIS MON TRUC À MOI, C'EST PLUTÔT LE BRICOLAGE.

MAIS TOUTES LES FILLES AIDENT À LA CUISINE, ICI ! OU ALORS ON LAVE LES VÊTEMENTS !

ET PUIS LE BRICOLAGE, C'EST POUR LES GARÇONS, TU DIS N'IMPORTE QUOI !

C'EST ENCORE UNE RÈGLE À LA CON DE SAUL, ÇA ?

MAIS... C'ÉTAIT PAREIL AVANT LA DISPARITION. T'ES BÊTE OU QUOI ?

REGARDE LES CATALOGUES DE JOUETS ! LE BRICOLAGE, C'EST À LA PAGE "GARÇON", ET LA DÎNETTE, C'EST À LA PAGE "FILLE" ! C'EST PAS UNE PREUVE, ÇA ?

MA PETITE, SI TON MODÈLE DANS LA VIE C'EST LES CATALOGUES DÉBILES, ÇA TE REGARDE. MOI JE FAIS CE QUE J'VEUX.

...V'NEZ VITE ! J'CROIS QUE J'AI VU DODJI !!!

25

MAIS C'EST PAS VRAI !... COMMENT ILS SAVENT TOUJOURS OÙ JE SUIS ?

NOM-DE-NOM-DE-NOM-DE-NOM !

ELLE VIENT VERS VOUS, VOUS AVEZ PLUS QU'À LA CUEILLIR...

TILU TILU TILU LU...

!!

...YVAN ! QU'EST-CE QUE TU ...?

LEÏLA, ARRÊTE-TOI TOUT DE SUITE, ILS SONT JUSTE DEVANT !

OUI, OUI, JE SAIS QU'IL Y EN A PARTOUT ! ...PASSE À TRAVERS LA HAIE, SUR TA GAUCHE !

SUIVEZ-MOI !

O.K... CONTINUE COMME ÇA ...TOURNE À DROITE MAINTENANT !

EH, MAIS...?!

T'ES SÛR QU'IL Y A PAS D'AUTRE ISSUE ?

ELLE EST LÀ !

O.K., JE VOIS.

GNiiii! IL EST BEAUCOUP PLUS LOURD QUE MOI!

J'TE TIENS, MA SIRÈNE! HA HA!

RHÂÂÂ! LÂCHE-MOI!

REUH' BLL' EUGBL!

MFFBLG?

ON VA TROP ViiiiTE!

OH NON!

PAK PAK

MAIS LÂCHE-MOI, J'TE DiS!

MAIS?! AÏE! QUILLE!

31

HAAAAAA

KLAK

RHAAAA !

ALLEZ...

ZZZZZZ

GNIIIIIF!

ZZZZZ

SALUT, LES NAZES !

ZZZZZ

MERDE!

BIEN JOUÉ, LEÏLA !

BON BEN, C'EST PAS TOUT, MAIS FAUT QUE J'DESCENDE DE LÀ, MOI !...

JAMAÏCA'S HIGH WINDS

QU'EST-CE QU'ON VA FAIRE ?

J'EN SAIS RIEN... FAUDRAIT RETROUVER DODJI, ET PUIS REPRENDRE LE BUS, ET... ET TROUVER AUSSI DE L'ESSENCE...

C'EST PAS GAGNÉ, QUOI... ON SAIT MÊME PAS OÙ EST DODJI !

ET LE PARC EST SUPER GRAND...

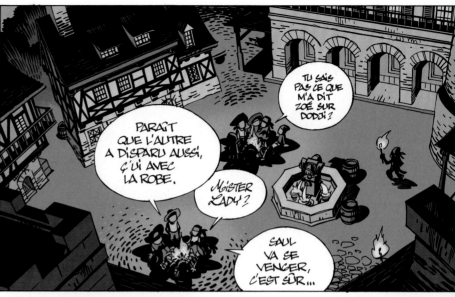

TING
TING

...'Y' PARAÎT QUE CHEZ LES SAMOURAÏS, L'ARME D'UN GUERRIER C'ÉTAIT SON ÂME.

DONC CE TRUC, C'EST TON ÂME.

...! C'EST AVEC ÇA QUE T'AS TUÉ TON BEAU-PÈRE ?

QUI T'A DIT ÇA ?

DES RUMEURS...TU L'AS CREVÉ PENDANT QU'IL DORMAIT, C'EST ÇA ? OU ALORS C'ÉTAIT VRAIMENT UN MINABLE, POUR S'FAIRE AVOIR PAR UN GAMIN.

MON PÈRE SUPPORTAIT PAS LES MINABLES, LUI, IL ÉTAIT FORT.

TU SAIS, J'AI UN SOUVENIR DE LUI. SUR L'AUTOROUTE, IL FILAIT À 200 À L'HEURE, MAIS Y'A UNE GUÊPE QUI S'EST POSÉE SUR SON BRAS.

LUI, IL EST RESTÉ SUPER CALME, IL SAVAIT QUE S'IL FAISAIT UN MOUVEMENT, IL RISQUAIT DE NOUS METTRE DANS LE DÉCOR.

MAIS LA GUÊPE L'A QUAND MÊME PIQUÉ. P'TÊT PARCE QUE MA MÈRE FAISAIT DE GRANDS GESTES, JE SAIS PAS...BEN LUI, IL A PAS BOUGÉ D'UN POUCE, IL A JUSTE ATTENDU QU'ELLE S'EN AILLE.

T'IMAGINES ? IL ÉTAIT COMME ÇA, MON PÈRE ...ET MOI AUSSI, JE SERAI FORT, POUR SAUVER LE CLAN.

MAIS J'VOUS VEUX AUCUN MAL, MOI! JE...

DEPUIS QU'VOUS ÊTES ICI, VOUS ÊTES EN TRAIN DE TOUT GÂCHER!

C'EST À **MOI** DE PROTÉGER LES AUTRES, PAS À TOI! ET TU VEUX SAVOIR POURQUOI ?

PARCE QUE JE SUIS LE SEUL À ME RAPPELER CE QUI S'EST PASSÉ !

TU ...TE RAPPELLES ?! MAIS ...QU'EST-CE QUI EST ARRIVÉ ?

IL FAISAIT TELLEMENT NOIR QUE J'Y VOYAIS PLUS RIEN... C'ÉTAIT HORRIBLE !

...ON APPROCHE DE LA FIN, DODZI ...LA FIN DE TOUT CE QUI NOUS ENTOURE.

ON REVERRA JAMAIS NOS PARENTS.

MAIS PEUT-ÊTRE QUE C'EST PAS PERDU POUR TOUT L'MONDE ...PEUT-ÊTRE QUE POUR LES PLUS FORTS, Y AURA MOYEN DE S'EN SORTIR.

...TU MENS. J'SUIS SÛR QUE TU T'SOUVIENS DE RIEN.

JE CHERCHE PAS À TE CONVAINCRE, DODZI ...ET DE TOUTE FAÇON, ON VA FAIRE ÇA DANS LES RÈGLES.

ENFANTS DU CLAN!

JE VOUS DEMANDE DE TOUS VENIR AU BASSIN.

DODJI VOUS Y ATTEND.

FAUT Y ALLER!

TU CROIS QU'IL Y A DE L'ARNAQUE DANS L'AIR?

BIEN SÛR QU'IL Y A ARNAQUE. MAIS ON N'A PAS LE CHOIX.

T'IMAGINES CE QUE CE TARÉ PEUT FAIRE À DODJI SI ON N'Y VA PAS?

JE SUIS CONTENT DE VOUS REVOIR.

ÉCOUTEZ-MOI TOUS!

DEPUIS QUE DODJI ET LES AUTRES SONT ICI, CERTAINS PARMI VOUS NE ME FONT PLUS CONFIANCE.

MAIS ON DOIT TOUS RESTER UNIS! C'EST LA SEULE CHOSE QUI COMPTE À MES YEUX!

VOUS VOUS RAPPELEZ LA FOIS OÙ J'AI TRAVERSÉ CE BASSIN À LA NAGE DEVANT VOUS?

EST-CE QU'IL Y EN A UN PARMI VOUS QUI SE CROIT CAPABLE DE LE FAIRE À SON TOUR? S'IL Y PARVIENT, IL PRENDRA MA PLACE EN TANT QUE CHEF!

MOI, J'SUIS CAP? PEUT-ÊTRE?

C'EST DE LA FOLIE!

MAINTENANT QUE LE REQUIN A L'HABITUDE DE MANGER ICI... C'EST PLUS POSSIBLE DU TOUT!

LE FUMIER!

ALLONS! QU'IL AVANCE MAINTENANT, OU ALORS QU'IL ACCEPTE MA LOI!

D'ACCORD SI C'EST ÇA QUE TU VEUX.

DODJI! NON! TE LAISSE PAS PIÉGER!

39

NOOOOON!
!

IL FAUT LE SORTIR DE LA! PAR LA! ON PEUT DESCENDRE VERS LE PETIT BASSIN!

IL ARRIVE! ATTENTION, DODJI!

TR... TROP LOIN!

LE REQUIN FONCE VERS LUI! DODJI N'Y ARRIVERA JAMAIS! FAUT... FAUT QU'IL ARRÊTE DE BOUGER, POUR PAS L'ATTIRER! JE VAIS FAIRE DIVER-SION!

DODJI! ARRÊTE DE NAGER! BOUGE PLUS!

ARRÊTER DE NAGER?

VIENS PAR LA, SALOPERIE ! ALLEZ !

SPLASH SPLASH SPLASH SPL SPL

DODJI ! FAUT FAIRE LA PLANCHE !... TU DOIS RESPIRER BEAUCOUP ET PIS TOUT BLOQUER LES POUMONS ! COMME À LA PISCINE !

HHHHHH !

41

C'EST BON ? IL VIENT VERS MOI ?

SPLASH SPLASH SPLASH

VAS-Y, DODJI! RECOMMENCE À NAGER VERS NOUS!

DONNEZ-MOI LA MAIN!

HiiiiiiiiI, IL EST LÀ!

FONCE, DODJI! T'Y ES PRESQUE!

ATTRAPE MA ROBE!

OUAiiiiS!

BRAVO!

BRAVO, DODJI!

42

SAUL!

QU'EST-CE QU'IL VEUT QU'ON FASSE, ALORS?

C'EST NOTRE NOUVEAU CHEF, QUOI!

COMMENCEZ PAR VOUS OCCUPER TOUT SEULS! DODJI VEUT ÊTRE LE CHEF DE PERSONNE, VOUS L'AVEZ PAS ENTENDU?

...IL M'A DIT QU'IL SE RAPPELAIT CE QUI ÉTAIT ARRIVÉ.

QUE CE QU'ON VIVAIT, C'ÉTAIT... LA FIN DU MONDE, OU QUELQUE CHOSE COMME ÇA.

LA FIN DU MONDE?

IL SE "RAPPELAIT"?... ÇA SOUS-ENTEND QUOI, ÇA? QU'ON AURAIT OUBLIÉ CE QUI S'EST PASSÉ?

MAIS ON **DORMAIT!**

BEN, YVAN, IL DORMAIT PAS. QUAND IL ÉTAIT TOUT BOURRÉ, IL M'A RACONTÉ DES TRUCS SUR SON PAPA QUI L'AVAIT RÉVEILLÉ!

J'AI **QUOI?**

BEN OUI, T'AS PARLÉ EUH... D'UN JEU DES SEPT FAMILLES, JE CROIS.

TERRY! ON PARLE SÉRIEUSEMENT, LÀ!

MAIIIIIIS?!

NON, IL A RAISON... MAIS C'ÉTAIT LES QUINZE FAMILLES...

MON PÈRE A DIT QUE... LES QUINZE FAMILLES EN AVAIENT APRÈS NOUS ET QU'ON DEVAIT FUIR LA VILLE.